Inhalt

Leistungsträger binden statt finden - denn guter Nachwuchs wird rar

Kernthesen

Beitrag

Fallbeispiele

Weiterführende Literatur

Impressum

Leistungsträger binden statt finden - denn guter Nachwuchs wird rar

Robert Reuter

Kernthesen

- Menschen sind heute prinzipiell schneller dazu bereit, das Unternehmen zu wechseln.
- Bei Leistungsträgern ist fehlende Loyalität oft darin begründet, dass sie ihr besonderes Engagement nicht genügend gewürdigt sehen.
- Ein weiteres Loyalitätshindernis sind fehlende Karrieremöglichkeiten. Unternehmen sollten darum darauf achten, dass die Bedürfnisse ihrer High Potentials Berücksichtigung finden.

Beitrag

Die Wechselwilligkeit hat zugenommen

Die emotionale Bindung von Mitarbeitern an ihren Arbeitgeber hat in den letzten Jahrzehnten deutlich nachgelassen. Noch in den 50er, 60er bis hinein in die 70er Jahre des vergangenen Jahrhunderts verstanden viele Menschen den Einstiegsjob als eine Lebensstellung. Die Einstellung zum Unternehmen war dabei von großer Loyalität, oft sogar von persönlicher Anhänglichkeit geprägt. Aktuelle Umfragen zeigen demgegenüber, dass viele Arbeitnehmer heute kein positives Verhältnis zu ihren Unternehmen haben und sie sich darum in der inneren Immigration befinden. So erklärt sich auch der hohe Anteil solcher Mitarbeiter, die ihre negative Einstellung dadurch äußern, dass sie bestenfalls Dienst nach Vorschrift verrichten. Einer anzustrebenden, engen Mitarbeiterbindung kommen damit gleich zwei Ziele zu: erstens, die Zufriedenheit und damit die Leistungsbereitschaft zu steigern; zweitens dafür zu sorgen, dass gute Mitarbeiter dem Unternehmen erhalten bleiben. (1), (4)

Karriere nur bei Jobwechsel

In den 50er- und 60er-Jahren blieben die Führungskräfte eines durchschnittlichen Unternehmens rund 24 Jahre bei ihrem Arbeitgeber. Ein typischer Karriereweg sah ein zwölf- bis 18-monatiges Training, eine Jobrotation von 18 bis 21 Monaten und ein High-Potential-Programm für einen beschleunigten Karriereweg vor. Der Geschäftsführer oder CEO eines Unternehmens blieb in den 50er-Jahren im Durchschnitt zehn Jahre im Amt. In den 60er-Jahren waren es noch fünf Jahre. Heute beträgt die Verweilzeit weniger als drei Jahre. Dies zeigt, dass die Arbeitnehmer Karrieremöglichkeiten oft nur durch einen Wechsel der Stellung gewährleistet sehen. Für die Unternehmen leitet sich daraus der Befund ab, dass sie gerade ihren High Potentials nicht die Aufstiegsmöglichkeiten bieten, die diese verlangen, um im Unternehmen zu bleiben. Dies belegen auch Zahlen aus den USA: 66 Prozent aller offenen Stellen werden dort inzwischen durch externe Bewerber besetzt.

Wie sehr die Aufstiegsmöglichkeiten das Verhältnis des Mitarbeiters zum Unternehmen bestimmen, zeigt auch eine Umfrage von Pricewaterhouse Coopers unter 1 500 Studierenden. 42 Prozent der Befragten gaben an, dass ihr erster Arbeitgeber als wichtigste Voraussetzung eine gute Referenz für den weiteren

Aufstieg sein müsse. Das Untersuchungsergebnis zeigt somit deutlich, dass der erste Job von vielen schon im vorhinein bestenfalls als Sprungbrett für die weitere Karriere gesehen wird. (1), (4)

Treue braucht Werte

Experten bestreiten dennoch, dass heutige Arbeitnehmer weniger loyal eingestellt sind als die Menschen in früheren Jahrzehnten. Zu beobachten sei allerdings, dass ihre Loyalität nicht mehr so sehr Unternehmen und Organisationen gelte, sondern Werten, Ideen und Vorgesetzten. Nur Arbeitgeber, die dies erkennen, könnten ihre Mitarbeiter binden, doch seien die meisten Unternehmen auf diesem Auge blind.

Auf der anderen Seite ist nicht zu leugnen, dass die Welt von heute eine andere ist als die der ersten Jahrzehnte nach der Gründung der Bundesrepublik. Heute herrscht eine Kultur der Bindungslosigkeit vor, die sich darin manifestiert, dass Festlegungen weitgehend vermieden werden. Dies gilt für Stromtarife genauso wie für Handyverträge und insbesondere Lebenspartner. Zu dieser Unverbindlichkeit gehört ein Lebensstil, in dem Verlässlichkeit keine Hauptrolle mehr spielt. So werden Termine auch von Managern oft kurzerhand per SMS abgesagt. Auch eigenhändig unterschriebene

Verträge haben heute oft kaum noch eine Bindungswirkung, wie sich nicht nur am Verhalten von Profi-Fußballern zeigt. (1), (4)

Eine Frage der Anerkennung - und des Geldes

Wenn Leistungsträger ihrem Unternehmen negativ gegenüberstehen, ist dies oft die Folge überzogener Erwartungen und der Fülle von Alternativen. Viele High Potentials setzen die Messlatte für ihr Unternehmen sehr hoch an. Weil sie mehr leisten als andere, leiten sie daraus Ansprüche an das Unternehmen ab, die jedoch nicht immer erfüllt werden können. Auch in wirtschaftlich schwierigen Zeiten beispielsweise sind die Leistungsträger oft nicht bereit, auf Sondervergütungen oder Boni zu verzichten, weil sie in ihren eigenen Augen für die Schieflage nicht verantwortlich sind. Kommt es dennoch zur Streichung finanzieller Anerkennungen, sind sie darum schnell bereit, einen neuen Arbeitgeber zu suchen, der ihre Leistungen anerkennt - und dies auch durch die Zahlungshöhe dokumentiert. Im Endergebnis ist es damit nicht von der Hand zu weisen, dass neben Arbeitszufriedenheit, Lob und Anerkennung doch immer wieder das Geld den Ausschlag gibt, ob ein Leistungsträger bleibt oder nicht.

Nicht vernachlässigt werden darf dennoch die soziale Integration der Talente. Auch Leistungsträger sind empfänglich für ein gutes Betriebsklima, das ihnen bei der Umsetzung von Ideen und bei der Entfaltung ihrer Persönlichkeit entgegen kommt. So gelten Konflikte mit den Vorgesetzten immer noch als Hauptursache für Kündigungen. Die Mitarbeiter verabschieden sich dann gar nicht so sehr vom Unternehmen, sondern von ihrem Chef. (1), (4), (5)

Wie loyal sind Unternehmen?

Allerdings kommt es den Unternehmen gar nicht zu, sich über fehlende Loyalität von Mitarbeitern zu empören. Immerhin waren und sind es die Unternehmen selbst, die die Belegschaft zwar gerne als ihr wichtigstes Kapital bezeichnen und dennoch schnell mit Entlassungen reagieren, wenn sie Kosten sparen wollen. Die Unverbindlichkeit von Unternehmen gegenüber den Mitarbeitern hat spätestens seit den 80er Jahren umgekehrt genauso zugenommen, was sich heute an der hohen Zahl von befristeten Arbeitsverträgen und Zeitarbeitern zeigt. Nach einer Erhebung des Instituts für Arbeitsmarkt- und Berufsforschung (IAB) war im ersten Halbjahr 2010 fast jede zweite Neueinstellung (46 Prozent) befristet. Zugleich stieg die Zahl der Zeitarbeiter allein in den vergangenen fünf Jahren von 180 000 auf

806 000. Aus diesen Entwicklungen ziehen heutige Mitarbeiter zu Recht den Schluss, dass sie selbst bei außergewöhnlichen Leistungen in ihrem Unternehmen keine Stammplatzgarantie haben. Fehlende Loyalität und unterschwellige Wechselbereitschaft sind damit immer auch ein Reflex auf die prinzipiell vorhandene Gefahr, jederzeit vor die Tür gesetzt werden zu können. Die Wirtschafts- und Finanzkrise seit 2008 hat dieses Gefühl der Unsicherheit noch einmal verstärkt. Einer Umfrage zufolge haben 2009 noch 59 Prozent der Young Professionals angegeben, sich stark mit ihrem Arbeitgeber zu identifizieren. Ein Jahr später waren es nur noch 50 Prozent. (6)

Versagende Führungskräfte

An die Personaler und die Führung von Unternehmen stellt dieser Befund die Aufgabe, sich dem Thema Mitarbeiterbindung intensiver als bisher anzunehmen. Untersuchungen zufolge gibt es hier noch viel Nachholbedarf. So hat sich in einer umfassenden Studie herausgestellt, dass die meisten Unternehmen bei der Förderung zukünftiger Führungskräfte krasse Fehler machen. Die höheren Führungskräfte legten in der Regel falsche Annahmen zugrunde und agierten in einer Weise, die de facto die Entwicklung ihrer potenziellen

Nachfolger behindert. Im Ergebnis sorge das Verhalten von Führungskräften oft dafür, dass Investitionen in die Förderung von High Potentials keinerlei Wirkung erzielten und im Extremfall sogar Schaden anrichteten. Nach Expertenmeinung ist es daher ein Fehler, die Talententwicklung allein in die Hände direkter Vorgesetzter zu legen. So ist beispielsweise zu beobachten, dass Vorgesetzte ihre Talente und Leistungsträger vor dem Unternehmen abschotten, um sie nicht zu verlieren. Diesen Mitarbeitern entgeht damit eine wichtige Entwicklungsmöglichkeit, zudem haben sie keine Chance, sich im Gesamtunternehmen bekannt zu machen. Experten empfehlen daher, die Verantwortung für die Entwicklung junger Talente auch den höheren Unternehmensebenen zu übertragen. (5)

Gleichbehandlung führt zu Enttäuschungen

Das Wissen von Toptalenten um ihre Leistungsstärke hat, wie oben beschrieben, zur Folge, dass sie Gehaltskürzungen und Bonistreichungen nicht hinnehmen. Die gut gemeinte Idee, notwendige Streichungen auf alle Mitarbeiter gleichermaßen zu verteilen, wirkt auf die Loyalität der Nachwuchsmanager darum kontraproduktiv. Sie erwarten, dass ihre besonderen Leistungen auch in Krisenzeiten durch überdurchschnittliche Zuwendungen honoriert werden.

Neben der normalen Vergütung gelten darum Zusatzleistungen als besonders geeignetes Instrument, um die Bleibewilligkeit von Leistungsträgern zu erhöhen. Hierbei steht nicht nur die Zahlung von Boni zu Verfügung. Weitere Möglichkeiten der Anerkennung bieten die betriebliche Altersversorgung, die Einrichtung von Arbeitszeitkonten, Home-Office-Tage, betriebliches Gesundheitsmanagement oder spezielle Weiterbildungsangebote. (2), (5)

Trends

Nachwuchsmangel wird spürbar

Für immer mehr Versicherungsunternehmen wird der Nachwuchsmangel ein spürbares Problem. 86 Prozent der Versicherer berichten, dass ihnen nachrückende Talente fehlen. Auf den Plätzen zwei und drei der drängendsten Probleme folgen die Überalterung der Belegschaft (70 Prozent) und die höhere Fluktuation durch Abwerbung (51 Prozent). (7)

Fallbeispiele

Change Management fördert Mitarbeiterbindung

Das US-amerikanische Meinungsforschungsinstitut Gallup hat einen Fragenkatalog entwickelt, mit dem sich die emotionale Bindung von Mitarbeitern an das Unternehmen ermitteln lässt. Wie sich der Katalog anwenden lässt und wie die Ergebnisse im Unternehmen umgesetzt werden können, zeigt das Beispiel des Unternehmens Stryker Navigation. Ein Ergebnis ist, dass Mitarbeiter insbesondere darauf Wert legen, an Veränderungsprozessen beteiligt zu werden. Demnach sind Veränderungen, wenn sie über die Köpfe der Belegschaft hinweg intransparent vonstatten gehen, eine Hauptursache für abnehmende Arbeitszufriedenheit und geringe Loyalität. (3)

Weiterführende Literatur

(1) Eine Kultur zum Bleiben
aus Personalwirtschaft, Heft 05/2011, S. 18-21

(2) Benefits optimieren
aus Personalwirtschaft, Heft 09/2011, S. 76-77

(3) Die Mitarbeiter an Veränderungen beteiligen
aus Personalwirtschaft, Heft 09/2011, S. 46-48

(4) Ständig auf dem Sprung
aus PERSONALmagazin, Heft 09/2011, S. 34

(5) So funktioniert Talentmanagement
aus PERSONALmagazin, Heft 09/2011, S. 34

(6) Fessle mich! Serie: FTD Summer school (14) Loyalität Moderne Nachwuchsmanager sind anspruchsvoll, selbstbewusst und heiß begehrt. Um sie zu gewinnen und zu halten, müssen Arbeitgeber sich anstrengen: von Auszeiten bis zu Chefpositionen in Teilzeit ist heute fast alles möglich - und nötig
aus Financial Times Deutschland vom 18.08.2011, Seite 26

(7) Personen: Demografischer Wandel zwingt zur Veränderung in der Personalpolitik
aus Versicherungswirtschaft, 01.08.2011, 66.Jg., Nr. 15, S. 1098

Impressum

Leistungsträger binden statt finden - denn guter Nachwuchs wird rar

Bibliografische Information der deutschen Nationalbibliothek

Die Deutsche Nationalbibliothek verzeichnet diese Publikation in der deutschen Nationalbibliografie; detaillierte bibliografische Daten sind im Internet über http://dnb.d-nb.de abrufbar.

ISBN: 978-3-7379-0967-9

© 2015 GBI-Genios Deutsche Wirtschaftsdatenbank GmbH, Freischützstraße 96, 81927 München, www.genios.de

Alle Rechte vorbehalten. Dieses Werk ist einschließlich aller seiner Teile – z.B. Texte, Tabellen und Grafiken - urheberrechtlich geschützt. Jede Verwertung außerhalb der Grenzen des Urheberrechtsgesetzes bedarf der vorherigen Zustimmung des Verlags. Dies gilt insbesondere auch für auszugsweise Nachdrucke, fotomechanische

Vervielfältigungen (Fotokopie/Mikroskopie), Übersetzungen, Auswertungen durch Datenbanken oder ähnliche Einrichtungen und die Einspeicherung und Verarbeitung in elektronischen Systemen.